LA RÉGÉNÉRATION

DE

LA TERRE SAINTE

PAR LA CHARITÉ

ET

PAR L'ÉDUCATION DE LA JEUNESSE

LA RÉGÉNÉRATION

DE

LA TERRE SAINTE

PAR LA CHARITÉ

ET

PAR L'ÉDUCATION DE LA JEUNESSE

SERMON

Prononcé par le R. P. François GAY (Mariste),

en l'église Sainte-Clotilde de Paris, le Dimanche 11 Juin 1876

PARIS

LIBRAIRIE DE LA SOCIÉTÉ BIBLIOGRAPHIQUE

35, RUE DE GRENELLE-SAINT-GERMAIN

—

1876

SERMON

PRONONCÉ PAR LE R. P. FRANÇOIS GAY (Mariste)

EN L'ÉGLISE SAINTE-CLOTILDE DE PARIS, LE DIMANCHE 11 JUIN 1876.

In nomine Patris, et Filii, et Spiritus sancti. Amen.

> « *Rachel plorans filios suos, et noluit consolari, quia non sunt.* »

> « Rachel pleure sur ses enfants, et ne veut point se consoler, parce qu'ils ne sont plus. »
>
> (S. MATHIEU, chap. II, ꝟ. 18.)

MES FRÈRES,

Il peut vous paraître étrange que je vienne parler d'une œuvre qui a été créée en des régions lointaines et plaider la cause de pauvres orphelins que vous ne connaissez point et que vous ne verrez probablement jamais. N'est-ce pas, dès le début, compromettre le succès de mes efforts et mettre votre charité à une épreuve qui pourrait lui être funeste? Mais cette difficulté ne m'arrête pas; car je sais que, si l'œuvre de la Sainte-Famille en Terre-Sainte (l'orphelinat de Beth-léem), dont je me fais l'avocat aujourd'hui, se trouve placée à des distances que vous ne franchirez point, elle est cependant revêtue de titres qui la rendent non-seulement respectable, mais encore sacrée à vos cœurs de chrétiens, et c'est ce qui d'avance m'assure que je ne plaiderai pas vainement pour elle.

I

Un orphelin, quel qu'il soit, se présente à nos yeux avec tous les titres, je dirai presque tous les droits que lui donnent ses malheurs; et ils sont tels que notre cœur fléchit toujours à leur aspect. L'orphelin ne nous rappelle-t-il pas la tendresse et le dévouement de notre père et de notre mère, lui qui est privé de ces biens toujours si précieux, surtout au début de la vie? Oui, à mesure que l'on nous fait le récit de ses souffrances et de ses malheurs, toutes les oppositions entre son état, entre son sort et le nôtre surgissent à la fois, pour nous émouvoir et nous porter à le secourir. Bientôt notre cœur ne résiste plus, et nous venons généreusement en aide à cette pauvre victime, sans nous enquérir de son nom, de sa nationalité et de la distance qui le sépare de nous; il est malheureux, cela nous suffit.

Mais quand on nous dit qu'il s'agit d'un enfant chrétien, chrétien comme nous, nous hésitons moins encore. N'est-il pas alors de notre famille? n'a-t-il pas été régénéré, ainsi que nous le sommes, par le sang du Rédempteur? n'est-il pas un membre de Jésus-Christ? et ne savons-nous pas qu'en le secourant c'est le Sauveur lui-même que nous secourons? Ah! déterminés alors par notre foi aussi bien que par notre charité, nous nous dépouillons avec joie en sa faveur.

Or, tels sont les orphelins de Bethléem, et n'eussent-ils pas d'autres titres que ceux d'orphelins et de chrétiens, nous leur devrions tous les bienfaits de notre charité; mais ils se présentent à nous avec des titres plus précieux encore.

La Terre-Sainte a été notre berceau, car c'est là que nous sommes nés dans l'ordre spirituel et surnaturel; c'est de là que la foi a jailli, et, comme un rayon qui s'échappe du soleil, est venue se répandre jusqu'à nous. Le Sauveur est né à Bethléem, il a traversé cent fois la Judée, et c'est de Jérusalem que les apôtres sont partis pour aller évangéliser le monde, et en particulier notre patrie. Dès lors, quand nous remontons à notre berceau, quand nous voulons étudier l'histoire de nos origines chrétiennes, nous sommes immédiatement transportés par la pensée dans ces lieux où se trouve établie l'œuvre de l'Orphelinat de Bethléem, et si la reconnaissance n'est point un sentiment éteint dans notre âme, si nous savons reconnaître vis-à-vis de Dieu les bienfaits reçus, par un mouvement sublime, je dirai presque invincible chez les âmes vraiment chrétiennes, nous sommes portés à nous intéresser aux enfants qui habitent ce pays, et en particulier aux orphelins, aux abandonnés, plus encore que l'on ne s'intéresse à ses compatriotes.

Il y a, mes frères, une tradition admirable, qui a été conservée religieusement dans l'Église. Au dire de cette tradition, le Seigneur attaché à la croix et avant de mourir contempla l'Occident, c'est-à-dire le pays que nous habitons, et, par ce regard qu'il jetait de ce côté, il semblait indiquer à ses apôtres que c'était là d'abord qu'ils devaient porter la bonne nouvelle, la semence évangélique. Les apôtres ont été fidèles à cette invitation muette du Sauveur, et S. Paul en particulier, s'il faut en croire diverses autorités historiques, aurait traversé les Gaules pour les évangéliser, ou tout au moins en prendre possession au nom de l'Église. Ce qu'il y a de certain, c'est que les envoyés des apôtres sont venus parmi nous; ils ont prêché la bonne nouvelle à nos ancêtres, et nous leur devons le bienfait de la foi.

Mais, les temps sont changés; et l'Orient, d'où a jailli la lumière, est enveloppé par les ténèbres de l'erreur. Depuis de longues années, la Croix est humiliée en Terre-Sainte; elle est opprimée par le Croissant.

Mais si l'Orient a repoussé le christianisme, le christianisme règne en Occident, et la croix plane glorieuse au-dessus de nos têtes.

Dès lors, si aujourd'hui nous regardons le Sauveur sur la croix, nous verrons que ses yeux ont changé de direction, et nous entendrons ses lèvres prononcer une autre prière. Les yeux fixés sur l'Orient, le Sauveur semble donc nous dire : O mes fidèles, ô mes enfants dévoués, soyez généreux pour ceux qui habitent le pays où je suis né, où j'ai vécu, où j'ai été immolé pour vous; et puisque vous avez reçu de cette contrée le bienfait de la foi, portez-leur le bienfait de la charité!

Ces œuvres auxquelles le Sauveur semble nous inviter et dont la foi et la reconnaissance nous font certainement un devoir, ne sont pas nouvelles parmi nous, au sein de notre vieille Europe chrétienne; elles ont fait la vie du moyen âge, comme elles en ont fait la gloire; en ces temps mémorables, où la Croix était humiliée sous l'oppression du Croissant, un cri de détresse retentit en Europe, et en France en particulier; les chevaliers français, parce qu'ils étaient chrétiens, furent émus à la pensée des humiliations de la croix. Ils placèrent sur leurs épaules et leurs étendards le signe sacré, et s'en allèrent en Orient, afin de faire restituer à la croix l'indépendance et l'honneur qu'elle mérite (1). Sans doute, les croisés ne furent pas toujours vainqueurs; mais ils le furent assez souvent pour relever la croix et faire respecter le nom chrétien; ils le furent assez souvent pour sauvegarder la foi en Terre-Sainte et l'abriter sous la protection de la France; *Franc* ou *chrétien*, n'est-ce pas, aujourd'hui encore, le qualificatif indifféremment donné à ceux qui professent la religion chrétienne? ils le furent assez souvent pour arrêter le flot envahissant de l'islamisme, et si l'Europe est demeurée libre, forte et surtout chrétienne, c'est aux croisades qu'elle le doit, tandis que sans elles probablement que, loin de tomber aujourd'hui comme tombent les ruines, l'islamisme nous opprimerait sous son joug d'ignominie.

(1) Atteint d'une maladie grave, laissé même pour mort, saint Louis ne fit usage de la parole, en sortant de son assoupissement, que pour demander tout d'abord la croix et prononcer le vœu d'aller délivrer la Terre-Sainte du joug des infidèles. Son rétablissement ne changea rien à sa résolution; il s'empressa, au contraire, de convoquer à Paris un parlement, dans lequel la plupart des barons annoncèrent hautement la résolution de suivre leur souverain en Asie. Au premier rang de ceux qui prirent la croix, se trouvaient le comte d'Artois, le duc de Poitiers et le duc d'Anjou, frères du roi. Leurs femmes, entraînées par l'exemple de la reine Marguerite, épouse de saint Louis, voulurent partager avec eux les fatigues et les dangers de cette expédition lointaine.

Les croisades cependant ne sont plus possibles; elles ne conviennent point aux mœurs de notre temps, et nous ne pouvons plus prendre la croix et les armes afin de guerroyer en Terre-Sainte ; mais il y a quelque chose de mieux à faire pour porter les habitants des saints lieux, surtout nos frères les chrétiens, à honorer la croix et notre sainte religion : c'est de leur envoyer nos aumônes, c'est de créer parmi eux des œuvres de charité, c'est, particulièrement aujourd'hui, de secourir les orphelins livrés à l'abandon, à l'ignorance et à la misère.

Quoi de plus propre à confondre les ennemis de l'Eglise que de leur montrer ce que fait la charité chrétienne ? quoi de plus propre à maintenir dans la foi les fidèles si souvent persécutés que de leur montrer que nous les regardons comme les membres de la famille de Jésus-Christ, c'est-à dire comme nos frères ?

Le patriotisme à son tour nous fait une loi de travailler en Orient à la glorification de la France par des œuvres de charité. Le patriotisme, en effet, ne consiste pas seulement à se dévouer pour son pays dans l'enceinte que forment ses frontières, une grande nation n'a réellement pas de frontières absolument déterminées, parce que son influence doit s'étendre aussi loin que ses intérêts, et que ses intérêts n'ont d'autres limites que les limites du monde.

Telle est aussi la mesure du patriotisme. Or, s'il est un fait indéniable, c'est l'influence de la France en Orient et spécialement en Terre-Sainte, depuis les croisades. La Terre-Sainte, jusqu'ici, a été une seconde France.

Mais cette influence est bien compromise aujourd'hui ! Notre patrie semble avoir oublié qu'elle était choisie par Dieu pour garder le tombeau de Jésus-Christ ; elle semble avoir dédaigné cette grande et sainte fonction, et pour la punir Dieu laisse sa prépondérance tomber chaque jour. Triste résultat de ce que l'on nomme orgueilleusement les aspirations modernes !

La seu.e ressource qui nous reste, et c'est nous Français chrétiens qui en disposons, pour rendre à notre pays son influence en Terre-Sainte, c'est d'y créer des œuvres, c'est d'y répandre nos aumônes, car c'est par là seulement que nous réussirons à nous conserver l'affectueuse reconnaissance du peuple qui l'habite.

L'orphelinat de Bethléem peut devenir notre prise de possession, et peut-être que le grain de sénevé que nous jeterons dans le sillon qui s'ouvre devant nous, produira plus tard un grand arbre.

Ce n'est pas que l'œuvre ne soit devenue difficile ; mais comme les bénédictions de Dieu lui sont assurées, son succès ne saurait être douteux. Voyez en effet, mes frères, ce qui se passe à Bethléem.

Le protestantisme allemand s'est emparé d'une vaste partie de ce pays dans un but de propagande hérétique et d'ambition nationale ; il veut faire croire qu'il est (1), lui, le vrai christianisme, en feignant un attachement spécial pour les saints lieux, en s'implantant dans la région où est né, où a vécu, où est mort le divin Rédempteur. Il veut montrer enfin qu'il est le vrai christianisme, par des apparences de charité dans les œuvres qu'il crée, réalisant ainsi ces paroles de la sainte Écriture : « On reconnaîtra que vous êtes mes disciples,

(1) Les protestants ont organisé des écoles élémentaires, et ils y attirent les enfants par l'argent et par toutes sortes de moyens plus ou moins loyaux. A Nazareth, par exemple, leur école est fréquentée par plus de 150 élèves qui assistent, les dimanches, à leurs prières et à leurs prêches. Ils viennent d'y terminer la construction d'un temple splendide et d'y organiser une espèce de séminaire pour former des évangélistes et des propagateurs d'erreurs et de doctrines fausses. De plus, ils possèdent en Terre-Sainte un établissement agricole, un collége et cinq ou six orphelinats, pour les garçons seulement ; ces orphelinats sont fréquentés par plus de 250 élèves. Dans ce moment même, ils font construire, à Jérusalem, un immense établissement capable de loger plus de 180 jeunes gens. A Bethléem, ils ont aussi un orphelinat et une école d'externes pour les garçons et pour les filles, et, dernièrement, ils ont jeté les fondements d'un beau temple.

si vous vous aimez les uns les autres. » Nous savons trop hélas ! que les protestants d'Allemagne feignent l'amour désintéressé, la charité ; et que, sous ces dehors séduisants, ils cachent des desseins politiques, des projets d'envahissement ; qu'ils veulent être les maîtres de ces contrées de l'Orient afin de tromper les âmes, de se créer des adhérents et des prosélytes, afin d'écarter la France catholique et d'exercer une souveraineté favorable à leur ambition.

Laisserons-nous nos ennemis, les ennemis du Christ et de son Eglise, nous précéder en Terre-Sainte, ou plutôt nous en expulser, puisque de tout temps la France y fut aimée et respectée, puisque de tout temps elle y fut la protectrice des chrétiens contre l'oppression des musulmans et la ruse du schisme gréco-moscovite ?

Non, non, mes frères, ne souffrons pas que la France soit dépossédée de son influence séculaire ; ayons souci de l'honneur de notre patrie, et maintenons nos bonnes œuvres en Terre-Sainte. Soyons jaloux aussi de l'honneur de l'Eglise et ne souffrons pas que le protestantisme s'empare du berceau du Sauveur, de sa croix et de son tombeau.

Je ne comprends pas que l'on puisse rester impassible, si l'on a quelque patriotisme dans le cœur et quelque foi dans l'âme, en présence de ces envahissements si faciles à conjurer, puisqu'il ne s'agit ni de prise d'armes, ni d'effusion de sang, mais simplement d'œuvres de charité. Je ne comprends pas que l'on puisse si facilement se désintéresser, alors que peut-être de grands événements se préparent en Orient, événements qui, par notre faute, la faute de notre impassibilité, pourront se produire non-seulement en dehors de la France et de l'Eglise, mais encore contre la France et contre l'Eglise.

« Dieu le veut... Dieu le veut ! » tel fut le cri de nos pères, de nos chrétiens et chevaleresques ancêtres, au moyen âge ; « Dieu le veut... Dieu le veut ! » tel doit être le cri des Français d'aujourd'hui, notre cri d'indignation, mais aussi de dévouement et d'espérance, et puisse-t-il nous porter à des largesses en faveur de l'Orient, seul moyen de sauvegarder l'honneur de la France.

II

Il me semble, mes frères, que les considérations que je viens de vous exposer, si restreintes qu'elles soient, pourraient suffire à vous convaincre. Il me semble que je n'aurais maintenant plus qu'à me taire, car je m'adresse à des chrétiens, et à des chrétiens reconnaissants, à des chrétiens qui veulent rendre à des contrées actuellement accablées sous le joug de l'oppression, de l'ignorance et de la misère le bien qu'ils en ont reçu. Je m'adresse à des Français qui veulent travailler à la glorification de leur patrie, et c'en est assez, ce semble, pour vous déterminer à la charité en faveur de l'orphelinat de Bethléem, où nos bienfaits créeraient à la France une sorte de prise de possession en Terre-Sainte, s'ils ne renouaient la chaîne de son influence traditionnelle. Mais votre cœur et le mien demandent d'autres sollicitations.

Nous avons une disposition tout affectueuse et toute paternelle pour l'enfance. L'enfance, à nos yeux, a de telles beautés, de telles séductions, que nous ne leur résistons pas, quand elles nous sont présentées; ses désirs, parfois même ses caprices, sont des ordres pour nous. Nous aimons cette domination : c'est la seule, habituellement, que nous acceptons. Nous sommes dévoués à l'enfance, et, ce qui nous honore davantage, c'est que plus elle est malheureuse, plus nous lui donnons de dévouement.

Voyez cet enfant : il n'a point de père, il n'a point de mère, ou c'est l'un des deux qui lui manque; est-ce qu'en laissant tomber vos regards sur lui, est-ce qu'en songeant à son malheur, vous n'êtes point émus? Oui, certes, et l'émotion que vous éprouvez, je le répète, elle vous honore. Pourquoi cette émotion, et pourquoi cette sympathie? C'est le cri du cœur qui a retenti. C'est qu'il y a au fond de notre âme un trésor de bienveillance, un trésor de bonté, un trésor de pitié au service du malheur. L'homme le plus égoïste et le plus criminel n'a pas totalement dépouillé cette disposition si belle. Et maintenant, que dire de la nature de cette tendresse, de ce dévouement pour l'enfant malheureux, chez le chrétien, le vrai chrétien? Ah! pour le chrétien l'enfant porte en quelque sorte sur ses traits les propres traits du Sauveur. Nous pouvons ne pas discuter, analyser nos impressions; mais quand nous voyons un enfant, sans même y songer, nous nous rappelons l'Enfant-Jésus dans sa crèche, ou travaillant entre Marie et Joseph à Nazareth. Et par une association d'idées merveilleuse, nous sentons que les bienfaits que nous prodiguerons à cet enfant malheureux, remonteront jusqu'à Dieu lui-même. Nous avons retenu ces paroles du saint Évangile : « Ce que vous ferez au plus petit des miens, c'est à moi-même que vous le ferez. »

Ah! mes frères, si tous les orphelins se présentent à nous sous les traits du Sauveur, ceux de Bethléem, dont j'ai à vous parler, ont avec Lui une ressemblance de plus; ils sont pour nous revêtus d'un caractère tout spécial, je dirai presque d'un caractère sacré. Ils ont reçu la naissance, en effet, où le Sauveur est né, ils vivent où il a vécu quelque temps, ils souffrent où le Sauveur enfant a souffert. Ils sont les descendants de ceux qui vinrent les premiers, pasteurs de troupeaux, adorer le Sauveur dans sa crèche au moment de sa naissance; ils sont les descendants de ceux qui, probablement, reçurent les bienfaits de Marie, alors qu'elle fit passer de ses mains dans leurs mains l'or que les mages lui avaient apporté. Et il semble que Joseph et Marie, il semble que Jésus surtout nous présente ces orphelins comme des enfants de sa race, des enfants de sa patrie, et nous dise : « Ils sont à moi plus que tous les autres ; ce sont mes frères, mes compatriotes, et vous devez les aimer et les secourir avant tous les autres. »

Il me semble, oui, il me semble que Marie et Joseph vous

les présentent en ce moment et vous crient, ainsi que Jésus, de les aimer et de les secourir.

Ah! mes frères, est-ce que jamais vous n'avez eu le bonheur de répandre vos bienfaits sur un enfant malheureux? est-ce que jamais vous n'avez adopté, ou servi, autant que vous le pouviez, de père ou de mère à un enfant orphelin? Oui, je le suppose, oui j'en ai la certitude, vous fîtes cela un jour. Eh bien! que se passa-t-il alors?

En présence d'une femme, d'une pauvre mère mourante que vous étiez venu visiter à sa dernière heure, vous remarquiez, tout en l'encourageant et en la consolant, que son regard se tournait avec inquiétude du côté de son enfant assis près d'elle et mêlant ses larmes aux siennes. Vous comprîtes alors que le tourment suprême de la mourante était de laisser cet enfant seul dans la vie; vous comprîtes qu'elle se demandait avec effroi ce qu'il deviendrait, abandonné en ce monde. Alors, inspiré par votre charité vous vous écriâtes : Pauvre mère, prenez courage, et puisqu'il vous faut mourir, emportez au moins cette consolation que votre enfant ne sera pas abandonné. Oui, je vous le promets, il aura une mère, au besoin, je lui en servirai!

C'en fut assez, un sourire, un doux sourire dans lequel se mêlaient la joie et la reconnaissance, effleura les lèvres de la mourante, et elle expira en se disant au fond de l'âme : Mon orphelin ne sera pas délaissé.

Et vous, mettant la main sur la tête de l'enfant qui sanglotait, vous l'avez consolé par des tendresses maternelles, vous l'avez recueilli, et il a grandi depuis sous votre aile, comme il eût grandi sous l'aile de sa mère.

Or, souvenez-vous des émotions d'alors. Ne vous sembla-t-il pas, au moment où vous preniez en quelque sorte possession de cet enfant par l'adoption, qu'une vertu secrète, qu'une vertu divine s'échappait de sa personne? C'était la récompense de Dieu que vous receviez déjà.

Vous fûtes transformé, et vous oubliâtes un instant vos

propres douleurs, semblable à cette femme de l'Evangile qui, après avoir touché le bord de la robe du Sauveur, retrouva la santé et la consolation.

Eh bien, mes frères, voulez-vous éprouver une transformation, un bonheur semblable? adoptez nos orphelins, les orphelins de Bethléem ; leur éloignement ne sera pas un obstacle pour les bénédictions de Dieu, car si vos bienfaits savent aller jusqu'à eux, ses récompenses sauront bien venir jusqu'à vous.

Secourez nos orphelins, et Dieu vous donnera des secours dont vous sentez le besoin.

Dussiez-vous même ne pas recevoir aujourd'hui et en ce moment les bienfaits divins que vous implorez, car, la sagesse divine peut y apporter des retards en apparence, votre œuvre n'en reste pas moins méritoire et n'en recevra pas moins sa récompense un jour. Oui, puisque Dieu regarde comme fait à lui-même ce que l'on fait au plus petit des siens, quelque jour vous serez récompensés de votre charité à l'égard de ces pauvres enfants. En cela, vous avez de nobles exemples à imiter : la situation spéciale et exceptionnelle des enfants de Bethléem a ému le chef de l'Eglise lui-même, et le souverain pontife, celui pour qui aucune des douleurs de la terre n'est étrangère, le souverain pontife ayant appris la triste situation de ces orphelins (1), a envoyé plusieurs prêtres dans ce

(1) *Bref de Sa Sainteté Pie IX, à M. Belloni, directeur de l'Orphelinat.* — Pie IX, Pape. — « Cher Fils, salut et bénédiction apostolique.

« Notre divin Maître, cher Fils, a comparé son Eglise à la graine du sénevé; celle-ci est la plus petite des semences, mais, fécondée par l'humidité et la chaleur de la terre, elle surpasse en grandeur tous les autres légumes jusqu'à devenir un arbre. Tels furent, en effet, les commencements de l'Eglise et les différents peuples ne parvinrent pas à la connaissance de la religion du Christ par une autre voie ; quoique, de tous côtés, les pouvoirs du monde, ses violences, ses richesses, ses haines, ses passions, sa fausse sagesse, semblassent y mettre obstacle. Nous déplorons avec vous que les hétérodoxes ourdissent tant de machinations, dans votre pays et usent si largement de la puissance de l'argent pour jeter les âmes dans l'erreur, mais nous sommes persuadé que leurs

pays, les chargeant d'y créer un orphelinat, avec les œuvres multiples qu'il comporte, c'est-à-dire un asile pour les plus petits enfants, des écoles, un patronage, et enfin une exploitation agricole. C'est l'intelligence, ou plutôt le génie de la charité, *ingenium charitatis.*

L'œuvre s'empare de l'enfant ; elle s'occupe de son corps, de son esprit, de son cœur, de son être tout entier. Ces pays, en effet, avaient besoin d'une œuvre de ce genre-là, car bien souvent les pères et les mères abandonnent leurs enfants, et dès lors, comme ceux qui ont perdu leur père et leur mère, ils sont livrés à la misère la plus profonde et tombent trop souvent dans les vices les plus honteux. Quand ils arrivent à l'âge d'homme, n'ayant aucune profession à exercer, ne sachant pas même cultiver la terre, les voici voués à une détresse extrême, détresse qui les accompagne jusqu'au tombeau.

Mais heureusement que la vie a surgi à côté de la mort : c'est un asile pour les plus petits, ce sont des écoles pour les plus grands, écoles qui vont être confiées aux fils du

efforts resteront stériles et que la petite semence que Dieu jette sur cette terre, par vos soins, par cet orphelinat catholique prendra de l'accroissement. Rien n'est plus efficace pour éloigner les obstacles et étendre la religion que le secours de la Mère de Dieu : elle renverse les hérésies ; elle est la Reine de l'Église et elle forme les apôtres. Nous nous réjouissons donc, en vous voyant insinuer dans l'âme de ces enfants une grande dévotion envers la bienheureuse Vierge et les porter, dès l'âge le plus tendre, à implorer son très-puissant secours pour l'Église. » Pie IX accorde ensuite, à l'occasion d'un triduum, des indulgences aux élèves et aux fidèles qui y assisteront et il termine ainsi : « Vous plantez et vous arrosez ; puisse Dieu vous être favorable et donner de l'acroissement à vos saintes œuvres ! Nous vous souhaitons le secours de ses grâces abondantes ; et, comme présage de sa protection, comme gage de notre bienveillance paternelle, Nous vous donnons très-affectueusement, cher Fils, ainsi qu'à tous les élèves de l'Orphelinat, la bénédiction apostolique. — Donné à Rome... Pie IX, Pape.

« A notre cher Fils Antoine Belloni, chanoine honoraire du Saint-Sépulcre et recteur de l'Orphelinat Catholique de Bethléem.. »

(Traduction du latin).

vénérable de la Salle, aux frères de la Doctrine chrétienne, car ils sont à la veille du départ pour Bethléem.

C'est pour ceux qui arrivent à l'âge de l'adolescence une terre féconde qui s'ouvre sous leurs bras formés à la culture, et déjà une grande surface de terrain a été acquise, d'où sortira peut-être en partie la régénération du pays.

La Terre-Sainte, les saints Lieux! quels sujets offerts à l'observation et à l'étude! La Terre-Sainte, les saints Lieux, que d'événements mystérieux et terribles s'y sont accomplis! Que d'événements inattendus peuvent s'y accomplir encore!

Autrefois ce pays suffisait à nourrir ses nombreux habitants, et aujourd'hui il est impuissant à le faire. D'où vient cette stérilité? Est-ce que le sol aurait dégénéré? Est-ce que la rosée n'y tomberait plus comme autrefois? Est-ce que le soleil aurait diminué les rayons qu'il lui prodiguait jadis avec tant de profusion?

Non, mes frères; rien de cela n'est changé: terre, ondées et soleil sont les mêmes; seulement, la malédiction de Dieu a passé sur ces régions, et la terre promise est devenue une terre maudite; mais les malédictions de Dieu ne sont pas toujours éternelles.

Que faut-il donc pour régénérer la Terre-Sainte et lui rendre sa fécondité? Des prières qui désarmeront Dieu, et des hommes capables de diriger la charrue! C'est alors que cette terre, creusée en sillons, retrouvera sa fécondité antique; c'est alors qu'elle pourra de nouveau nourrir ses habitants, et retrouvera une partie de sa gloire passée!

Non, les malédictions de Dieu ne sont pas toujours éternelles, car elles sont subordonnées au repentir et à la réparation; et ce peuple s'éveillera, si nous chrétiens favorisons son réveil.

III

Dans cette œuvre de régénération, dont l'éducation et le salut des orphelins de Bethléem est un des éléments, montrez-vous généreux, vous d'abord qui êtes les pères et les mères de l'avenir ! Pour porter dignement un jour le titre de père ou de mère, vous devez être charitables pour les enfants qui n'ont plus leur père et leur mère. Vous devez leur consacrer quelques-unes des ressources de votre jeunesse, car alors Dieu infailliblement vous bénira dans vos joies de pères et de mères.

Il arrive bien souvent, qu'à certains foyers la bénédiction de Dieu ne pénètre pas. Ah ! si l'on sondait le secret mystère de ces stérilités, on arriverait bien vite à se convaincre que dans le cœur de ceux qui s'y trouvent, dans la solitude, il n'y eut pas de générosité, il n'y eut pas de charité !

Donc, ô pères, ô mères de l'avenir, montrez-vous généreux pour nos orphelins de Bethléem ! Montrez-vous généreux aussi, ô pères, ô mères de famille, afin que Dieu bénisse vos enfants ! Sachez que toute aumône donnée en ce moment aura son retentissement sur la tête et au fond de l'âme de vos enfants, de ces enfants qui vous sont si chers ! Vous aurez secouru les membres souffrants de Jésus-Christ, comment voulez-vous que Jésus-Christ ne bénisse pas ceux qui sont vos membres, puis-je dire, puisqu'ils sont vos enfants ?

Montrez-vous généreux, ô pères, ô mères, qui vous inquiétez pour le sort d'un fils ou d'une fille ! Qui sait si en ce moment l'avenir de l'un ne trouble point votre cœur ? Qui sait si la conduite de l'autre n'effraye point votre âme de chrétien ? Ah ! voulez-vous que la bénédiction divine conjure les malheurs qui les menace tous les deux ? répandez vos bienfaits sur nos orphelins, et ces orphelins secourus feront rejaillir sur l'enfant qui va succomber la protection suprême de Dieu.

Montrez-vous généreux, vous qui pleurez sur la tombe d'un enfant que la mort vous a ravi, il y a quelque temps, il y a quelques années ! Il n'est plus là, cet être si cher, pour recevoir les témoignages de votre amour. S'il vivait, vous le combleriez de vos tendresses, rien ne lui serait refusé ; mais il n'est plus, Dieu l'a frappé aux meilleurs jours de sa vie ; mais il a mis à sa place quelques orphelins : ceux dont je vous parle. Donnez en souvenir de vos défunts ; c'est encore une manière, la meilleure assurément, de leur continuer les manifestations de votre amour. C'est que nos enfants prient, et ils prieront pour leurs bienfaiteurs et les familles de leurs bienfaiteurs, car c'est une de leurs fonctions, l'un des témoignages de leur reconnaissance. Chaque jour, dans l'orphelinat de Bethléem, il y a des prières déterminées pour eux ; et, à certaines époques de l'année, ils se transportent en pèlerinage, soit à Jérusalem, soit à Nazareth, soit au tombeau de Marie, afin de prier pour ces bienfaiteurs, dans un lieu consacré par les grands souvenirs chrétiens.

Et croyez-vous que ces prières, faites par des enfants dont l'âme est innocente, croyez-vous que ces prières faites dans ces lieux consacrés par les souvenirs de la foi chrétienne, demeureront sans résultat ? Non, vous ne le croyez pas ; vous êtes convaincus, au contraire, que ces prières compléteront les vôtres et en répareront les inégalités ; c'est que vous savez que bien souvent vous avez mal prié ; vous craignez, dès lors, que vos prières n'aient été impuissantes ; mais consolez-vous : ces enfants, priant mieux que vous ne le faites, avec une foi, une pureté, une confiance plus grandes, vous obtiendront ce que vous n'avez pas su obtenir (1).

(1) L'abbé Belloni demande la charité, et il offre aussi de la faire. Les orphelins et les enfants de la Terre-Sainte ont besoin d'aumônes ; ils peuvent donner des prières. L'échange se fait déjà : il faut le redoubler et le compliquer. Les prières pour les bienfaiteurs des établissements de Terre-Sainte ne partent pas seulement de Bethléem où se disent des messes, se font des prières, les sanctuaires de l'Europe y participent et divers monastères veulent bien, par des neuvaines mensuelles, concourir à payer les dettes des enfants de la Palestine envers leurs bienfaiteurs et solliciter en même temps les grâces de régénération pour la Terre-Sainte. Il y a là un réseau de prières où tout chrétien doit être heureux de s'emmêler, et qui fait espérer d'abondantes bénédictions sur la Palestine et sur toutes les familles qui concourent à sa régénération. Prenons place dans leurs rangs, si jusqu'ici nous nous sommes

Montrez-vous généreux, et la France, notre patrie, recevra les bénédictions divines. Nous n'avons pas aujourd'hui des armées de chevaliers pour aller délivrer la Terre-Sainte, mais nous avons la charité, nous avons notre aumône; cette aumône, elle fera peut-être plus que des armes même victorieuses. Qu'elle se lève la sainte croisade; Dieu bénira la France !

La France ! Elle a des sympathies et des dévouements pour toutes les calamités. Un cri qui retentit des dernières limites du monde, et qui arrive jusqu'à elle, émeut son grand cœur; aussi le cri des orphelins de Bethléem retentissant en France ne peut pas laisser sa charité sans récompense.

Je ne saurais mieux faire, pour terminer ce discours, que de reproduire le récit adressé récemment par le directeur de l'orphelinat de Bethléem à ceux qui ont bien voulu s'en faire les bienfaiteurs; c'est lui-même qui va parler :

« Une pauvre femme, veuve et aveugle, domiciliée à Beyrout (Syrie), ayant appris qu'il existe un orphelinat à Bethléem, fit demander à M. le secrétaire du patriarcat latin de Jérusalem d'y faire admettre son fils, afin que son enfant pût être plus tard son soutien. Je fus forcé de répondre à M. le secrétaire que d'autres enfants attendaient leur tour pour entrer à l'orphelinat, et que je ne pouvais, avec bien du regret, prendre pour le moment cette demande en considération. A peine cette pauvre femme eut-elle connu ma réponse que, prenant un parti désespéré, elle s'embarqua pour Jaffa, arriva bientôt à Jérusalem et se rendit près de M. le secrétaire. Elle le conjure, les larmes aux yeux, de l'aider à faire admettre son fils; M. le secrétaire se défend, lui montre l'impossibilité de cette admission. Tout fut inutile. La pauvre aveugle ne veut rien entendre; elle manifeste même l'inten-

tenus à l'écart; faisons mieux encore : exerçons auprès de nos amis, de notre entourage, un apostolat; recueillons des aumônes et tenons pour « *certain* » que nous ferons « *une chose agréable à Dieu.* » (Lettre de la Sacrée-Congrégation de la Propagande.)

tion de lui laisser son fils et de se retirer. Ne sachant que faire, le secrétaire vint m'exposer tout ce qui se passait. Je fus, de nouveau, inflexible; nos locaux sont restreints; ma parole est donnée à d'autres postulants. Devant un refus si formel, cent autres se seraient rendus, en maudissant peut-être ma dureté. Eh bien, la pauvre aveugle ne perdit point courage; elle m'attendit, avec son fils, à la porte du patriar-cat, et, au moment où j'allais la franchir, elle se jeta par terre à travers la porte, me barrant le passage. Il me fut impossible de soutenir la vue d'un tel spectacle ; je dis à la pauvre femme de se relever et de me laisser son enfant, et, le prenant par la main, je partis pour Bethléem profondément ému. »

Qu'ajouter à ce trait? Je devrais en effet me taire et vous laisser sous l'impression qu'il a fait naître infailliblement dans vos cœurs. Pourtant, qu'il me soit permis de lui donner une extension plus grande, en prêtant une âme à la Terre-Sainte, et en vous la montrant à genoux devant vous!... que dis-je? couchée à vos pieds, et vous présentant ses enfants abandonnés, ses enfants livrés à l'ignorance, à la misère et à la dégradation physique et morale qui en est la conséquence; qu'il me soit permis de lui prêter une voix suppliante qui vous conjure d'avoir pitié de ces pauvres victimes et de les adopter, en leur donnant votre aumône.

Et si vous restez insensibles, la suppliante insistera; elle vous suivra au sortir de cette église, elle vous accompagnera jusque dans votre demeure, elle troublera votre sommeil par ce cri répété : Ayez pitié de mes orphelins !

Et demain, en franchissant le seuil de votre demeure, vous la trouverez encore immobile, pâle et toujours suppliante.

Pourriez-vous alors ne point vous attendrir et refuser encore le secours que je vous demande en ce moment ?

Ne dites point que vous êtes sollicités de toute part, que de nombreuses œuvres vous conjurent également, formant autour de vous comme une chaîne qui sans cesse vous en-serre, car je vous dirais que c'est le signe de Dieu, la manifestation de sa volonté : Dieu, en effet, vous a établis comme la providence de tous ces malheureux qui vous tendent la main. Et d'ailleurs la charité, si prodigue qu'elle soit, n'appauvrit jamais, et un bienfait ajouté à d'autres bienfaits ne fut jamais préjudiciable aux premiers.

Dieu seul aurait plus à faire, si quelque chose pouvait surcharger sa puissance infinie, et coûter à son cœur, car vous montrant plus généreux il aurait un jour plus de récompense à vous donner.

Ainsi soit-il.

EXTRAIT DU RÈGLEMENT

DE

L'ŒUVRE DE LA SAINTE-FAMILLE
EN TERRE SAINTE

ARTICLE PREMIER. — L'Œuvre de la Sainte-Famille, fondée en 1863 et approuvée par Mgr Valerga, patriarche de Jérusalem, par décret du 23 janvier 1864, a pour but de ramener la Terre-Sainte à l'unité catholique par l'éducation de l'enfance et de la jeunesse, et d'arracher les jeunes générations de ce pays, dépourvues de toutes ressources, à la misère et à la propagande si active du protestantisme et du schisme.

ART. 2. — Le but si éminemment chrétien de l'Œuvre a reçu un commencement d'exécution : 1° par la fondation d'un orphelinat pour les garçons dans la ville de Bethléem ; 2° par un patronage ouvert, les dimanches et fêtes, aux jeunes gens de Bethléem; 3° par la création d'une école d'agriculture à la maison de Saint-Joseph.

ART. 3. — L'Œuvre est placée sous la protection de l'Enfant Jésus, de la sainte Vierge et de saint Joseph.

ART. 4. — Les Membres sont invités à réciter tous les jours un *Pater* et un *Ave*, avec la prière jaculatoire : *Jésus, Marie, Joseph, aidez-nous.* On peut appliquer à cette fin ses prières habituelles.

ART. 5. — On est membre de l'Œuvre en donnant, chaque année, pour l'amour de l'Enfant Jésus, une aumône d'au moins *un* franc.

ART. 6. — Les personnes qui désireraient venir en aide à l'Œuvre d'une manière plus spéciale pourront être MEMBRES PROTECTEURS par une souscription annuelle de 20 francs.

ART. 7. — Les enfants et les jeunes gens, jusqu'à l'âge de 20 ans, à qui spécialement est recommandée cette Œuvre, seront associés en donnant, chaque année, pour l'amour de l'Enfant Jésus la petite aumône de 25 centimes.

ART. 8. — Les Membres de l'Œuvre auront part à toutes les prières des enfants patronnés par l'Œuvre, et à une messe qui sera célébrée tous les mois, sur l'autel de la Crèche de Notre-Seigneur Jésus-Christ ou dans l'église de Bethléem (1).

(1) Les élèves de l'Orphelinat récitent, chaque jour, le chapelet pour leurs bienfaiteurs et leurs intentions, excepté le dimanche et les fêtes; ils assistent, ces jours-là, à un salut chanté aux mêmes fins.

Art. 9. — Le jour de Noël, grande fête de l'Œuvre, une messe spéciale sera célébrée sur l'autel de la Crèche de Notre-Seigneur pour les enfants Membres ; les élèves de l'Orphelinat recevront la sainte communion à la même intention.

Art. 10. — Les Membres des Comités, les correspondants, les Dames zélatrices et les Membres protecteurs, auront droit, à leur mort, à une Messe de *Requiem* et à un *De profundis* récité par les enfants de l'Orphelinat, pendant quinze jours.

Art. 11. — Un rapport sur l'état de l'Œuvre sera publié chaque année. Ce rapport contiendra, en outre, toutes les nouvelles de Terre-Sainte qui peuvent intéresser les cœurs catholiques.

Les offrandes sont adressées ou déposées au Secrétariat des Écoles d'Orient, rue du Regard, 12, à Paris, avec l'indication expresse de l'Orphelinat de Bethléem.

L'ORPHELINAT DE BETHLÉEM

> « Et vous, Bethléem, terre de Juda, vous n'êtes pas la moindre entre les principales villes de Juda; car c'est de vous que sortira le chef qui doit conduire mon peuple d'Israël. »
> (Évang. de S. Mathieu.)

La Palestine est, on le sait, la première contrée du monde qui ait reçu l'Évangile. Mais, depuis la fin des croisades, et par l'effet de l'indifférence et de l'oubli où l'Europe laissa tomber la Terre-Sainte, les populations chrétiennes de Palestine passèrent en grande partie aux schismes grec et arménien, et un petit noyau seulement de populations catholiques resta groupé autour des Franciscains, gardiens des Lieux-Saints, sous le protectorat français.

En 1847, Pie IX donna le signal d'une renaissance de ces contrées par le rétablissement, après cinq siècles et demi d'interruption, du patriarcat latin de Jérusalem dans la personne de Mgr Valerga. Ce vaillant prélat, après plusieurs années de luttes contre les diverses influences hostiles, fonda, avec le concours de prêtres français et italiens, un clergé patriarcal et un séminaire pour le clergé arabe, et, par l'établissement de missions dans un grand nombre de localités dépourvues jusque-là de secours religieux, ressuscita le catholicisme et l'influence latine dans de nombreuses populations qui avaient passé au schisme grec sous l'influence russe.

Il y a quelques années, un des professeurs du séminaire patriarcal, l'abbé Belloni, ayant trouvé sur la route deux ou trois petits garçons privés de leurs parents par le choléra ou délaissés pour cause de misère, les recueillit, et, cotisant ses faibles économies personnelles avec celles d'un de ses collègues, l'abbé Bracco, aujourd'hui patriarche de Jérusalem, pour subvenir à l'entretien de ces enfants, consacra ses loisirs à leur apprendre le catéchisme. Tel fut le début modeste et édifiant de l'œuvre dont nous parlons.

D'autres enfants étant venus implorer son secours et se joindre aux premiers, l'abbé Belloni comprit qu'il y avait là le germe d'une institution nécessaire, et s'y voua désormais tout entier. Il fonda à Bethléem, en face du célèbre sanctuaire de la crèche et de la Nativité du Sauveur, un établissement destiné à donner gratuitement aux petits garçons des familles pauvres une éducation chrétienne, et à leur enseigner, avec le catéchisme et les langues usuelles, les connaissances nécessaires pour gagner leur vie dans un métier.

Commencée avec les ressources les plus minimes, l'œuvre a pris un accroissement graduel et a pu, grâce à la libéralité d'un riche Anglais, acquérir, dans une des plus fertiles parties de la Judée, un vaste terrain où s'établit en ce moment une colonie agricole dans laquelle les enfants de l'orphelinat doivent recevoir le genre d'instruction le plus profitable à la moralité comme aux aptitudes des populations orientales. Les Frères des Ecoles chrétiennes viennent d'accepter d'aller seconder M. Belloni dans la direction de cette œuvre, dont la nécessité est en ce moment urgente. Car, dès avant 1870 et de plus en plus depuis cette époque, la propagande prussienne sème l'or à pleines mains en Palestine, et en couvre le sol d'hospices, d'écoles et d'orphelinats allemands protestants; or les populations de la Palestine sont pauvres, et, comme les œuvres catholiques ne peuvent opposer à la propagande prussienne que des ressources infiniment moindres, il est à craindre que la jeunesse ne soit attirée en grand nombre dans ces établissements gratuits où l'influence allemande règne en souveraine, et où s'enseigne la haine de l'Église catholique et de la France.

En effet, c'est par l'éducation de jeunes générations que se décidera l'avenir de l'Orient chrétien, et c'est pour cela que les ennemis de l'Eglise et de la France y concentrent tous leurs efforts. L'œuvre de l'Orphelinat de Bethléem nous doit donc être éminemment sympathique, comme elle s'attire d'ailleurs les bénédictions de tout ce qui n'a pas intérêt à la combattre.

Les musulmans eux-mêmes, qui ne sont point, comme on le croit, naturellement fanatiques, mais qui professent généralement un grand respect pour toute croyance religieuse, rendent volontiers hommage aux bienfaits que nos missionnaires et nos religieuses répandent dans ces contrées.

L'an dernier, notamment, lorsque l'abbé Belloni revint d'un voyage en Europe, il trouva toute la population, tant musulmane et schismatique que catholique, échelonnée sur la route de Jérusalem à Bethléem pour lui faire un accueil triomphal avec les démonstrations naïves de reconnaissance et de respect qui sont propres aux peuples orientaux, et le gouverneur turc de la ville, qui avait envoyé une escorte d'honneur au-devant de l'humble missionnaire, vint lui rendre visite le lendemain comme au bienfaiteur du pays et au *père des orphelins,* selon le surnom que lui ont donné les Arabes.

Lettre de la sacrée congrégation de la Propagande en faveur de M. le chanoine Belloni, directeur de l'orphelinat, et de son Œuvre.

« Alexandre Franchi, cardinal prêtre de la sainte Eglise Romaine, du titre de Sainte-Marie au delà du Tibre, et préfet de la sacrée congrégation de la Propagande.

« Nous attestons, bien volontiers, que M. Antoine Belloni, prêtre du patriarcat de Jérusalem, recommandable par sa prudence, sa probité et sa science, dont il a donné des preuves convenables à la sacrée congrégation de la Propagande, est digne d'une entière confiance. Il a érigé depuis quelques années dans la ville de Bethléem, avec l'approbation du Révérend Patriarche de Jérusalem, un orphelinat pour y recueillir les enfants qui, privés de leurs parents, pauvres et couverts de haillons, errent çà et là au milieu des turcs et des hétérodoxes, au grand péril de perdre la foi; ils sont élevés à l'Orphelinat dans la véritable religion et y apprennent un métier. Nous recommandons dans le Seigneur cet Orphelinat de tout notre pouvoir et à tous, vu les bons résultats obtenus jusqu'ici, comme nous l'avons appris, et ceux plus importants encore que l'on obtiendrait, nous l'espérons, si l'on pouvait développer cette Œuvre, de manière à former aussi les jeunes gens aux travaux de l'agriculture (1). C'est pourquoi nous tenons pour certain que tous ceux

(1) On sait que le vœu émis par Son Éminence de voir occuper les enfants pauvres à la culture de la terre a reçu un commencement d'exécution par la création d'une école d'agriculture à Betgema. M. le Directeur espère pouvoir donner un plus grand développement à cette école en 1877; il a la confiance que la Providence viendra à son aide.

qui voudront aider ce prêtre dans la réalisation de son projet, par les actes de charité en leur pouvoir, feront une action agréable à Dieu.

Donné à Rome, au siége de la Propagande, le 23 septembre 1874.

ALEXANDRE, Card. FRANCHI, Préfet.

Jean Simeoni, Secrétaire.

(*Traduction du latin*).

Lettre de recommandation de Son Exc. le Patriarche latin de Jérusalem.

« Vincent Bracco, par la miséricorde de Dieu et par la grâce du Saint-Siége Apostolique, Patriarche de Jérusalem, Grand-Maître de l'Ordre du Saint-Sépulcre, etc. »

« A tous ceux et à chacun qui liront la présente lettre, nous affirmons et attestons que M. Antoine Belloni, chanoine de Notre Église cathédrale, a érigé un pieux orphelinat, dans la ville de Bethléem, du consentement et avec l'approbation de Notre Prédécesseur, et qu'il dirige cette maison de manière à procurer l'extension de la religion catholique et le salut des âmes. Désirant soutenir et agrandir son œuvre, il se propose de visiter une certaine partie de l'Europe pour y recueillir les aumônes des fidèles et autres secours de la charité; Nous le recommandons donc, dans le Seigneur, à tous ceux qui pourront lui venir en aide de quelque manièr. que ce soit,

« Donné à Jérusalem, dans notre demeure patriarcale, le 25 août 1874. »

† VINCENT, Patriarche.

Coderc, Secrétaire.

(*Traduction du latin*).

8323 — PARIS. IMP. JULES LE CLERE ET Cᵉ, RUE CASSETTE, 29.